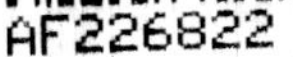
AF226822

ÉTUDE

SUR

LES AMBULANCES

DU SIÉGE DE PARIS

Par le Docteur Jules GUÉRIN

Membre de l'Académie nationale de médecine.

PARIS

AU BUREAU DE LA GAZETTE MÉDICALE,

Place Saint-Michel, 4.

1870

AVERTISSEMENT

Cette étude, inspirée par les nécessités du moment et rédigée au courant de la plume pour la Gazette médicale, comprend trois parties distinctes :

La première est une exposition de ce qui s'est fait depuis le commencement du siége de Paris sous le titre *d'ambulances :* cette exposition est suivie de l'indication du système général (assistance publique) par lequel les ambulances auraient dû être établies ;

La seconde renferme une indication des inconvénients inhérents à l'ordre de choses en fonction ;

La troisième est un développement du système d'après lequel les ambulances auraient dû être organisées ; cette troisième partie est terminée par l'indication de la manière dont on pourrait régulariser et utiliser ce qui a été fait.

Paris, le 15 octobre 1870.

ÉTUDE

SUR

LES AMBULANCES

DU SIÉGE DE PARIS.

I.

Les événements qui ont mis la population de Paris dans la nécessité d'improviser tous les moyens de résistance, ont imposé aux médecins leur part d'efforts et de dévouement. Il ne leur suffisait pas d'intervenir chacun de leur personne comme tous les citoyens : ils avaient à fournir leur contingent dans l'organisation des secours. C'est ce qu'on a compris de tous côtés, et c'est ce dont témoignent une foule de tentatives qui ne demandent qu'à être réglées et harmonisées.

Lorsque nous avons été appelé à prendre part à l'organisation des ambulances dites de la presse, notre premier soin a été précisément de nous enquérir des nécessités à satisfaire dans le but de faire concorder les moyens avec les besoins. Mais, soit divergence d'esprits et d'idées, soit nécessité de se contenter des ressources qui s'offraient, on a substitué les expédients à l'ordre et le détail à l'ensemble. Ce n'est pas le lieu de nous livrer à la critique de mesures qui ont au moins le mérite du sentiment qui les a inspirées, et qui, dans l'arrangement instinctif des choses, occuperont leur place et auront leur degré d'utilité. Nous voulons aller plus haut et plus loin, et montrer comment, avec une plus grande liberté d'action et des ressources mieux coordonnées, il eût été possible d'offrir à la chose publique un concours plus utile pour elle et plus digne de notre profession.

*
* *

Il paraîtrait superflu de définir ce que tout le monde comprend. Mais il y a un sens des choses qui apparaît d'autant moins qu'on saisit mieux leur caractère extérieur. Pour tout le monde, les ambulances sont des ressources éventuelles, destinées à recueillir et à soigner les blessés pendant et après la bataille. Si l'on s'en tient à cette signification immédiate, on comprend jusqu'à un certain point l'incohérence et le désordre qui sont inséparables de ces moyens improvisés. Mais si l'on veut pénétrer plus avant dans le caractère, l'origine et le but de ces dépendances de l'assistance publique, on leur trouve immédiatement une autre portée, et l'on aperçoit les liens qui les rattachent à leur véritable origine. Dans les circonstances où nous nous trouvons, c'est-à-dire dans une ville immense comme Paris, et avec une armée de défense comme celle qu'elle renferme, il est nécessaire de mieux comprendre encore ce que sont et ce que doivent être les ambulances, si l'on veut leur assurer leur plus grande somme d'utilité. C'est ce que nous allons examiner.

*
* *

Harmoniser les moyens avec les besoins, telle est, avons-nous dit, le principe qui doit présider à l'organisation des secours désignés sous le nom d'ambulances. Pour que cette formule acquière toute la clarté qu'elle exige, il suffit de la préciser dans ses deux termes : dire quels sont les besoins et quels sont les moyens.

Recueillir les blessés sous le feu de l'ennemi, les soustraire aux dangers de la bataille, leur donner les soins d'urgence et leur assurer les meilleurs soins consécutifs : tels sont les différents termes, et comme les différents stades des secours à leur porter. Mais pour que ces secours soient aussi efficaces qu'ils peuvent l'être, la première chose à faire, c'est de se rendre un compte exact et méthodique des circonstances où doivent surgir ces besoins. Or ces circonstances sont toutes indiquées par les lignes stratégiques de la défense. Là où l'on se battra, là seront les blessés. C'est donc dans la détermination précise des points où la lutte se localisera que l'organisation des ambulances trouvera ses premières indications.

*
* *

Paris a la figure d'un cercle irrégulier ; sa circonférence, qui est sa première et principale ligne stratégique, est aussi la première et principale ligne de secours. Divisé en neuf parties ou secteurs pour la distribution des troupes, Paris offre à sa circonférence des points, plus immédiatement à considérer pour la répartition des secours. Ces points sont les *redoutes* et les *portes :* les redoutes comme théâtres de combats localisés aux remparts, et les portes comme points d'arrivée des blessés extérieurs.

Mais avant de se concentrer vers les remparts, la défense a des points avancés à secourir ; elle a l'entourage des forts et leurs points intermédiaires. Ces points, qui se déplacent pendant la bataille, offrent néanmoins des nécessités à satisfaire ; il ne suffit pas de les considérer comme le terrain incessamment variable, où l'action chirurgicale se bornera à l'enlèvement des blessés. Pour répondre à l'urgence de toutes les situations, les secours immédiats de la chirurgie devront trouver entre les remparts et les forts des postes-abris, où ils pourront être appliqués avec sûreté pour le blessé et pour le chirurgien.

Nous ne parlons que pour mémoire de ces théâtres improvisés de la lutte où les éclaireurs et les avant-postes sont susceptibles de réclamer les secours improvisés de la chirurgie. Il y a dans notre profession des courages dignes de s'associer à tous les dangers. Pour ceux-là il ne saurait y avoir plus de stratégie qu'il n'y en a pour ceux qu'ils accompagnent.

*
* *

Si maintenant nous revenons sur nos pas pour pénétrer de l'extérieur dans l'intérieur, il y a à tenir compte de deux ordres d'éventualités possibles : les effets de la bataille extérieure et ceux plus compliqués de la bataille intérieure.

Dans le premier ordre de faits, les soins à donner aux blessés réclament deux espèces de postes : des ambulances de rempart et des ambulances centrales, les premières destinées à offrir les soins les plus urgents; les secondes organisées comme des hôpitaux tempooraires, destinées à recevoir le trop-plein des hôpitaux existants ou même à partager avec ceux-ci les traitements les plus complets.

. Dans l'hypothèse de la bataille à l'intérieur de Paris, les nécessités se multiplient et elles se multiplient avec les imprévus de la lutte. On peut néanmoins, toutes réserves faites sur l'emplacement des secours, les ramener, comme pour la bataille extérieure, à deux catégories, à des postes où seront reçus immédiatement les blessés, et que l'on pourrait appeler les ambulances mobiles de *rue* ou de *quartier*, pour les distinguer de celles où les blessés seront définitivement reçus et traités, et que l'on pourrait appeler *ambulances d'arrondissement* ou *ambulances centrales fixes*.

Telles sont en quelque façon les lignes stratégiques de la défense chirurgicale, et tels sont les besoins auxquels il y a lieu de pourvoir, c'est-à-dire d'approprier nos moyens.

*
* *

Si l'on ne consultait que l'appareil extérieur qui frappe tous les yeux, on serait disposé à croire que tout Paris s'est converti en postes de secours et qu'une bonne partie de la population s'est donné la mission de les desservir. Il y a des drapeaux à presque toutes les portes et des brassards à presque tous les bras ; je ne parle pas de ceux, heureusement beaucoup plus nombreux, qui portent le fusil. Ce déploiement de zèle atteste, sans aucun doute, un grand sentiment de patriotisme et d'humanité. Et quoique la malignité puisse y découvrir autre chose que des marques de dévouement à la chose publique, il faut y voir d'abord la preuve d'un très-louable concours de la population tout entière en faveur des pauvres blessés. Ainsi personne ne saurait mettre en doute la sincérité aussi bien que l'utilité des ambulances créées par le gouvernement, par les municipalités, par le comité internationnal, par l'association de la presse, par plusieurs administrations publiques, parmi lesquelles il faut distinguer les grandes compagnies des chemins de fer. Toutes ces créations, dont le mobile supérieur est une émanation du plus pur patriotisme, constituent une première et grande catégorie de ressources ou moyens, qui n'ont eu d'autre défaut que d'être fournis par des pouvoirs différents et des efforts séparés, et d'être entachés par conséquent dans leur organisation de cette absence de plan et d'harmonie qui paralyse une partie de leur utilité. Il ne faut parler ici que pour mémoire de toutes ces ambulances hybrides qui sont plus destinées à protéger ceux qui les font que ceux pour qui on les fait. Quoique entachées de cette origine douteuse, elles pourront, lorsqu'on en aura constaté la réalité matérielle, rendre quelques services, soit comme expédient dans des cas d'urgence, soit comme déversoir du trop-plein des postes régulièrement constitués.

Si l'on examine de plus près les différentes ressources de l'improvisation administrative et hospitalière, on voit qu'elles se sont produites comme d'elles-mêmes pour satisfaire aux différentes nécessités, aux différents besoins de la défense. Les ambulances de l'Internationale vont chercher les blessés aux points les plus avancés et les plus dangereux de la lutte ; les ambulances de rempart, instituées par le Comité supérieur d'hygiène, répondent à des nécessités stratégiques plus définies et mieux catégorisées; les ambulances d'arrondissement concentrent les secours dans des postes mieux appropriés aux différentes parties de la population militante; les ambulances de la presse, qui n'ont eu que le tort de manquer de plan et de laisser prendre la meilleure place à d'autres, ont néanmoins réalisé, au moyen de leurs *grandes ambulances fixes*, des centres de secours capables de rivaliser, par l'élite de leur personnel et la bonne entente de leur organisation, avec les meilleurs hôpitaux, et, au moyen de leurs *ambulances mobiles*, une distribution intelligente mais partielle des secours mieux et plus complétement systématisés par les ambulances de rempart. Que manque-t-il à ces différentes conceptions inspirées par un même sentiment pour leur faire atteindre plus complétement le même but? Il leur manque l'esprit d'ordre et d'agencement, il leur manque d'être reliées entre elles pour compléter et assurer la régularité de leur fonctionnement, pour satisfaire à toutes les diversités et à toutes les nécessités de l'organisation civile et militaire qu'elles laissent dans la confusion et le désordre. Sans qu'il soit besoin d'entrer bien avant dans l'examen de ces nécessités, auxquelles les secours improvisés de la défense ne pourront pas donner satisfaction, ne ressort-il pas de la considération la plus simple et la plus immédiate des deux grandes catégories qui composent notre armée de résistance, la garde nationale et l'armée proprement dite, ne ressort-il pas, dis-je, de cette simple considération, un classement différent de faits, une différence de discipline, de surveillance, de responsabilité, qui suivront les blessés des deux armes aussi bien dans leur lit que sur le champ de bataille? Or cette considé-ration, que les hommes habitués aux règles d'ordre de toute administration comprendront mieux que personne, n'a pu entrer en ligne de compte dans l'organisation des secours auxquels tant d'éléments et d'efforts différents ont concouru. Si un certain ordre peut résulter après coup de ces efforts improvisés, ce ne pourra être que le résultat instinctif de cet esprit français qui groupe, classe et coordonne les difficultés presque à son insu. Mais cet ordre après coup sera au détriment d'une meilleure conception initiale; il ne pourra venir qu'après les insuffisances constatées, les besoins imprévus non satisfaits, et au prix de souffrances qu'il eût été facile d'épargner aux blessés, et au prix de sacrifices qu'on aurait pu mieux employer à leur soulagement. Y avait-il moyen d'éviter ce double écueil par une meilleure et plus prévoyante organisation des secours aux blessés? Nous le croyons sincèrement : on va en juger.

*
* *

En donnant la définition vulgaire du système de secours représenté par les ambulances, nous avons dit que, sous cette définition de leur caractère apparent, il y avait un sens plus complet et plus profond résultant de leur origine et de leur but mieux compris. Qu'est-ce, en effet, qu'une ambulance fixe ou mobile, si ce n'est une forme particulière, un cas particulier du système organisé de l'assistance publique? Or cette assistance publique préexiste à tous les besoins; et, de ce que ces besoins se multiplient à un moment donné, ils ne rompent aucunement les liens qui les rattachent au système de secours dont ils ressortent. Un blessé civil réclamant l'assistance publique est reçu dans un hôpital civil, un blessé militaire dans un hôpital militaire. On voit donc d'abord que les deux blessés, appartenant aux deux grandes catégories de l'ordre civil et militaire, impliquent d'emblée deux systèmes d'assistance publique, l'assistance *civile* et l'assistance *militaire*. Ce n'est pas le lieu d'insister sur la nécessité qui a fait établir ces deux ordres de secours différents : ils existent, ils ont leur raison d'être; il faut donc les accepter comme bien et dûment établis. Or dans la circonstance actuelle, où il n'y aura pas un, mais des milliers de blessés, l'accroissement énorme du nombre changera-t-il leurs rapports naturels avec le système d'assistance d'où ils ressortent? Non assurément. Ce seront toujours des blessés civils et des blessés militaires, pour lesquels il y a un agencement préalable de soins, de surveillance, de responsabilité, qui leur donne toute garantie, comme ils la donnent eux-mêmes vis-à-vis de l'organisation civile et de l'organisation militaire. Cela étant, il suffit de considérer les ambulances comme des dépendances de l'assistance civile et militaire appropriées aux circonstances et modifiées dans leur nombre, dans leurs formes, suivant les besoins de ces circonstances, sans cesser de se rattacher à elles, sans cesser de profiter de tous les bénéfices, de toutes les ressources de leur organisation préalable. De là des ambulances civiles et des ambulances militaires. Nous savons bien que les règlements et les habitudes militaires ne permettent guère de déroger à cet ordre logique, qui maintient les rapports des ambulances de l'armée avec ses hôpitaux. On peut même tirer de la persistance de ces rapports pendant la bataille un motif de plus pour légitimer ceux que nous voulons établir entre l'assistance publique civile et les ambulances créées comme annexes, comme extension de son système de secours.

Si cette systématisation de secours aux blessés civils, aux blessés de la garde nationale et autres dépendant de la population parisienne est fondée, c'était donc à l'Assistance publique, si bien organisée, si magnifiquement dotée, à prendre les devants; c'est à elle qu'il incombait de s'entendre avec la défense militaire pour établir tous les échelons de l'assistance aux blessés, depuis les ambulances d'avant-poste jusqu'aux ambulances fixes du centre de Paris. Elle aurait ainsi classé les besoins, méthodisé les difficultés; et personne mieux qu'elle ne pouvait, en étendant son cadre, multipliant son personnel, ramifiant ses ressources, embrasser dans un réseau intelligent toutes les nécessités à satisfaire. Mais, dira-t-on, c'était enlever à l'initiative de la charité publique les occasions qu'elle a si bien saisies de se manifester; c'était enlever à l'administration supérieure elle-même le moyen de s'affirmer avec autant d'intelligence que d'activité. Est-ce que le patriotisme et la charité des habitants eussent fermé leur bourse et donné moins de matelas, parce qu'ils auraient trouvé prête à les recevoir une organisation toute faite et une administration bien entendue? Est-ce que, en choisissant et en groupant elle-même tous les postes de secours, elle n'en aurait pas mieux régularisé les cadres? Est-ce qu'elle n'aurait pas évité ainsi cette confusion de prétendus postes de secours, institués, dans le plus grand nombre de cas, pour dissimuler les intérêts qu'ils protégent? Enfin tous ces secours, ramenés à l'unité de vues, d'organisation et de surveillance, n'auraient-ils pas eu pour effet d'utiliser les vraies lumières de la science et d'écarter tout ce qui n'en a que les prétentions et les fausses apparences?

Mais pour réaliser une telle œuvre, il ne fallait pas seulement du patriotisme, de l'intelligence et de l'activité, il fallait que le système des ressources existantes ou créées fût entre des mains qui auraient pu les faire fonctionner dans leur ensemble, parce qu'elles auraient pu voir et comprendre leur affinité avec les ressources à créer; il fallait enfin que toutes les qualités de l'administrateur fussent doublées des connaissances et des aptitudes de l'esprit médical. Or jusqu'ici cette alliance a toujours fait défaut; bien plus, on l'a considérée comme impossible, si ce n'est comme impliquant des éléments incompatibles. Puisse le nouvel ordre de choses, qui doit régénérer nos institutions, ne pas conserver, en ce qui concerne l'Assistance publique, les préventions et les préjugés qui ont empêché jusqu'alors de la placer entre des mains qui seules sont aptes à la diriger!

II.

En l'absence d'un plan régulier qui aurait dû présider à l'organisation des ambulances du siége de Paris, nous avons indiqué les généreux efforts tentés de toutes parts, mais séparément, par l'administration, par les sociétés particulières et par l'initiative privée. Il est résulté de cet inventaire que si ce concours d'efforts isolés a pu, jusqu'à un certain point, suppléer à une organisation initiale, on ne pouvait attendre de ce groupement d'ébauches improvisées autre chose qu'une collection d'expédients entachés d'insuffisance, de confusion et de désordre. Cette critique générale, que la simple considération des choses ne permettait pas de contredire, n'a pas tardé à être confirmée par l'expérience. Dès le premier fonctionnement des ambulances, toutes leurs insuffisances, tous leurs défauts se sont révélés comme d'eux-mêmes ; une foule de faits de détail ont montré combien nos prévisions avaient été au-dessous de la réalité. L'indication de quelques-uns est nécessaire pour justifier tout à la fois nos appréciations et pour mettre sur la voie du remède à opposer au mal.

*
* *

Les inconvénients d'un défaut d'ordre et d'unité dans l'organisation des ambulances se sont manifestés d'abord dans la rivalité, si ce n'est dans l'antagonisme des pouvoirs dont elles ressortaient. Ainsi le comité d'hygiène est venu à la traverse de l'Internationale ; l'Internationale a demandé aux ambulances de la presse leurs titres et qualités ; les ambulances de la municipalité se sont montrées jalouses des ambulances de la garde nationale ; l'intendance militaire, armée de ses prérogatives souveraines, a contesté à toutes le droit de fonctionner sans son visa et son contrôle : si bien que dans ce conflit de pouvoirs ou de prétentions tout sentiment de patriotisme et d'humanité a quelquefois disparu, pour donner place à je ne sais quelles rivalités mesquines peu dignes de la mission que tous s'étaient donnée. Je ne citerai qu'un exemple, et je l'emprunte à la relation si intéressante et si touchante publiée dans différents journaux par un des aumôniers qui ont parcouru les champs de bataille de Chevilly et de l'Hay : « Chacun prit ses blessés, dit l'abbé X. ; on se les « disputa même à un certain moment, et j'en souffrais comme d'un « vrai scandale. Ce n'est pas devant un ennemi qu'il faut montrer le « spectacle des rivalités philanthropiques, dont le but n'est pas par-

« faitement compréhensible. » Ce conflit d'autorité s'était accusé à plusieurs reprises dans les journaux par des attaques plus ou moins détournées. Pour en prévenir le retour, surtout de la part de l'Internationale, qui avait cru pouvoir absorber à son profit le droit à l'ambulance, toutes les autres ambulances, celles du comité d'hygiène, celles de la municipalité, les ambulances de rempart, celles de la presse ont été obligées de se réfugier sous la protection de l'intendance militaire : les unes, comme celles de la presse, en se faisant accepter comme des annexes du ministère de la guerre; les autres, les ambulances de rempart, par exemple, en se faisant recommander par le gouverneur de Paris. Pour me servir de l'expression officielle, « le gouverneur de Paris les a accréditées auprès de MM. les commandants des secteurs, en les invitant à faciliter par tous les moyens possibles l'installation desdites ambulances. »

Cette diversité d'origine, dont le moindre inconvénient a été de provoquer d'emblée un conflit entre les pouvoirs dont elles émanent, a eu d'autres inconvénients. Par qui et comment a été choisi et constitué leur personnel? Sans suspecter aucune intention, sans mettre en cause aucune valeur personnelle, pourrait-on affirmer que le choix des hommes préférés, ou imposés, a toujours été dirigé par la compétence la plus parfaite, par le désintéressement le plus grand, en un mot comme il aurait dû l'être? Il est permis d'en douter. On ne saurait nier au moins que dans beaucoup de cas les chefs se sont choisis eux-mêmes ou l'ont été par des amis complaisants. Un classement raisonné, si ce n'est hiérarchique, aurait mis chacun à sa place et aurait amené une répartition plus méthodique et plus éclairée du personnel médical de Paris; dont chaque membre peut se prévaloir du même degré de dévouement à la chose publique, mais non du même degré d'expérience et d'habileté chirurgicales. Ce défaut d'un classement, qui aurait pu être demandé à l'élection du corps, a eu des conséquences parfois imprévues. N'avons-nous pas été témoin, lors de la distribution des brassards à l'ambulance des ponts et chaussées, d'une proposition tendant à confier le soin des blessés indistinctement et à tour de rôle à tous les médecins de la capitale? Cela prouve incontestablement que le hardi et démocrate confrère, auteur de cette proposition, se sentait l'instruction et l'habileté désirables pour suppléer tous nos chefs de service; mais combien y en a-t-il qui auraient pu se croire autant de mérite? Je me suis laissé dire que par suite des classements imprévus beaucoup d'honorables confrères blanchis par le travail et les années se sont trouvés les auxiliaires, pour ne pas dire les élèves, de ceux dont ils avaient pu être les maîtres. En temps de révolution, il n'y a rien d'imprévu.

*
* *

Nous venons de supposer une distribution quelconque des soins médicaux. Mais a-t-on au moins la garantie de l'existence de ces soins? les blessés accaparés par telle ou telle ambulance ont-ils la certitude d'y trouver un médecin? Il est au moins permis d'en douter. Qui n'a pas lu hier dans un journal qu'une de ces ambulances de fantaisie aurait envoyé au palais de l'Industrie six blessés moribonds reçus et traités pendant plusieurs jours on ne sait où ni par qui, et dont l'état était si désespéré que M. Nélaton se serait exclamé en les voyant : Vous m'apportez six cadavres ? De tels faits permettent-ils de douter des inconvénients qui résultent de cette création facultative des ambulances abandonnées à l'ignorance et à l'impéritie?

*
* *

Mais n'anticipons pas et reprenons les ambulances mobiles. Nous avons dit précédemment qu'en raison de la diversité de leurs origines elles n'avaient pu se trouver distribuées méthodiquement suivant les besoins de la défense. Ce n'est qu'en vertu de leur enchaînement consécutif qu'elles ont pu offrir une apparence d'ordre. Mais pour montrer immédiatement l'insuffisance de cet ordre après coup, il suffit de rappeler qu'il est de nombreux points de la ca-

pitale qui n'offrent encore que des ébauches rares et incomplètes de
ces postes de secours; les ambulances de rempart elles-mêmes qui,
dans leur conception générale, ont répondu à une nécessité stratégique de premier ordre, n'ont pu dans leur application que satisfaire
incomplétement à toutes les éventualités de la défense. Nous ne citerons
comme preuve que la non-existence absolue de postes fixes au delà
des remparts. Il y avait lieu cependant de se préoccuper de cet ordre
de secours si utilement approprié aux déplacements de la lutte, déplacements qui, en raison du reculement des lignes ennemies, offrent
beaucoup de chances à des combats éloignés. Il est superflu de faire
remarquer combien les soins immédiats, souvent décisifs pour la
vie des blessés, auraient besoin d'abris préparés à l'avance comme
points de repère et de rencontre de nos avant-postes médicaux.

Une organisation préalable et méthodique de ces avant-postes,
pour porter tous ses fruits, suppose, il est vrai, l'absence de toute
rivalité mesquine de la part des ambulances destinées à se rencon-
trer dans l'accomplissement de cette œuvre de philanthropie com-
mune. Mais cette rivalité, déjà signalée par de regrettables écarts, est
un nouveau motif d'appel à une organisation mieux entendue de
cet ordre de secours. Dans cette organisation, il ne faudrait pas ad-
mettre et encore moins favoriser certaines prétentions et certains
priviléges. Or la première condition serait de n'exclure aucun dévouement, mais d'assigner à tous la place qu'ils ont droit d'y occuper.

***

Si, de ces généralités relatives aux ambulances mobiles d'avant-
postes et de remparts, nous descendons aux détails de leur organisation, c'est là que l'on peut constater l'insuffisance et le désordre
de leurs ressources. Je ne parle pas seulement des boîtes à panse-
ment, du matériel chirurgical de secours, que chacun veut de telle
ou telle façon, et qui n'a été conçu et réalisé jusqu'ici au gré de personne; je parle encore et surtout des objets de secours les plus vul-

2

gaires : les voitures pour transporter les blessés, par exemple. Il y a eu à cette occasion la répétition de ce qui s'est passé pour les locaux d'ambulance. Une foule de personnes ont offert des voitures pour transporter gratuitement les blessés. On les a acceptées, comme de raison ; mais lorsque le moment est venu de les utiliser, il ne s'en est trouvé aucune pour répondre à l'appel des escouades. Ce fait s'est produit dans la première affaire de Villejuif ; si bien que nos confrères de l'ambulance mobile de la Maison-Blanche sont restés les bras croisés à attendre les voitures bénévoles qui ne sont pas venues. Pour comble de mésaventure, ils ont reçu force injures des gardes nationaux présents qui ignoraient la cause de leur inaction forcée. Il y aurait donc lieu d'assurer autrement que par des offres stériles ou des réquisitions éventuelles le fonctionnement régulier de cet élément indispensable des ambulances mobiles. Nous y avions pourvu par l'organisation régulière d'un service quotidien fourni par l'administration de la compagnie de l'Ouest ; des esprits mieux avisés ont préféré s'en tenir aux ressources précaires d'une philanthropie incertaine. La compagnie internationale a mieux fait les choses : son matériel, aussi complet que possible, est en mesure d'aller vite et loin ramasser les blessés. Aussi ses recrues ont-elles été en proportion de sa vigilance ; ses voitures étaient pleines quand celles des autres ambulances ne faisaient que d'arriver sur le terrain ; et celles-ci, arrivant trop tard, étaient obligées de laisser à l'ennemi le soin d'enlever nos blessés, à la condition de garder ceux qu'ils supposaient devoir redevenir promptement valides. La bonne organisation du matériel de l'Internationale a eu pour résultat d'encombrer ses salles d'ambulance fixe : ce qui ne répond pas précisément au mérite de son zèle sur le champ de bataille. Nous ouvrons même ici une parenthèse pour faire remarquer que l'Internationale nous paraît outre-passer sa mission en organisant des ambulances à l'intérieur de Paris. L'essence de sa mission est de donner des soins sur le champ de bataille indistinctement aux blessés des deux parties belligérantes; mais ces soins immédiats une fois administrés, elle devrait laisser à d'autres l'administration des soins sédentaires, c'est-à-dire des hôpitaux et des ambulances fixes de l'assistance civile et militaire.

Je reviens aux ambulances fixes de Paris.

***

Si des incertitudes et des incohérences résultant de l'origine multiple des ambulances fixes et de l'arbitraire de leur organisation médicale nous passons à l'examen des ressources matérielles dont chacune d'elles dispose, que d'incertitudes plus grandes encore et quelle insuffisance de garanties! Lorsque nous avons été chargé de visiter les locaux offerts à la presse, nous avons pu nous convaincre que bien peu de personnes, même parmi les plus généreuses et les plus aisées, s'étaient rendu compte de toutes les nécessités auxquelles elles s'engageaient. Nous avions fait trois catégories de ces ambulances : celles qui offraient le local, le coucher, la nourriture et les soins, celles qui n'offraient que le coucher, et celles qui n'offraient que le local. Mais nous osons dire, et nous ne serons contredit par personne, que là où l'on pouvait croire à la réunion de toutes les garanties que peut offrir la fortune et le bon vouloir, on ne trouvait, au moment de la mise en œuvre, qu'insuffisance et imprévoyance. Je citerai comme exemple l'ambulance médicale confiée aux soins de notre savant collègue, M. Amédée Latour : Dans cette ambulance, établie dans un des plus somptueux hôtels de Paris, notre confrère n'a trouvé pour ses malades que la cuisine et la nourriture des domestiques. Sans entrer dans d'autres détails à cet égard, nous rappellerons les sages observations du comité d'hygiène du troisième arrondissement: « Il ne serait pas moins né-« cessaire de s'assurer, dit le comité, que les personnes qui se « chargent d'établir une ambulance ont pourvu aux moyens de la « faire fonctionner aussi longtemps que l'exigeront les besoins du

« service. Ce serait une chose très-regrettable que de placer des
« malades dans un local où viendraient tout à coup à cesser les
« soins qu'exige leur état et dans un moment peut-être où ils ne
« pourraient être transportés ailleurs sans de graves accidents pour
« leur vie ou leur santé. » A ces paroles sensées nous ajouterions
des considérations sur l'utilité comparative des petites et des
grandes ambulances si un de nos collaborateurs (1) ne s'était chargé
d'étudier avec sa compétence habituelle cette grave question de la
dissémination ou de l'agglomération des blessés. Nous devons dire
ici cependant que quelque fondé qu'on soit en général à préférer la
dissémination des blessés à leur réunion dans de vastes salles, le
bénéfice de leur dissémination dans de petites ambulances est entouré et compliqué de tant de difficultés pratiques que l'organisation et la surveillance administrative et médicale qu'elles exi-
geraient rendent leurs services très-problématiques. Nous devons
donc approfondir, d'abord, tout ce qui assure la bonne organisation
et l'administration la plus intelligente des grandes ambulances,
sauf à rechercher plus tard les conditions auxquelles les petites
ambulances de l'initiative privée pourront rendre tous les services
dont elles sont susceptibles.

*
* *

Dans les ambulances les mieux fournies et les mieux assurées
comme les cinq grandes ambulances fixes de la presse où l'on a
cherché à réunir toutes les conditions d'une organisation hospitalière complète, combien n'avons-nous pas constaté d'imprévoyance
et de désordre ! Ces ambulances, qui ne renferment pas moins de
six cents lits et qui doivent donner lieu à un mouvement très-com-
pliqué de leur personnel civil et militaire, exigeaient une grande ha-
bitude d'ordre et de surveillance et par-dessus tout des connaissances

____

(1) M. Vacher, Gazette médicale, année 1870, n° 41, p. 533.

spéciales relatives au chauffage et à la ventilation, au choix et à l'approvisionnement des aliments ; on devait y établir des rapports entre la consommation journalière et l'état des malades ; toutes difficultés que nous avions prises au sérieux. Or il s'est rencontré un homme si merveilleusement doué qu'il a pu y trouver l'occasion d'une distraction facile à la monotonie de son bréviaire, et il s'est adjoint pour le seconder, là où les rigueurs de la comptabilité devaient rivaliser avec la plus scrupuleuse répartition des ressources, un coadjuteur fantaisiste qui professe qu'en temps de révolution il est impossible de s'astreindre à une comptabilité régulière. Il est vrai d'ajouter que cette doctrine, qui n'a rien de scientifique, de médical ou de républicain, émane d'un personnage tout à fait étranger à ces trois catégories.

*
* *

Il nous resterait à montrer comment, dans le mélange incessant de l'élément civil et de l'élément militaire qu'entretiendront les confusions de la bataille, il eût été indispensable d'assurer la séparation immédiate des blessés appartenant aux deux grandes catégories de l'armée. L'examen de ce point important peut se résumer en deux mots : l'intendance militaire dans l'état des choses éprouve les plus grands embarras à suivre le soldat et à constater sa présence partout et toujours. Cette nécessité explique les exigences et les rigueurs de ce pouvoir, exigences et rigueurs qui ne sont que l'expression d'une nécessité d'ordre, et cette nécessité domine tellement la situation qu'elle suffirait à elle seule à motiver la recherche d'un mode d'organisation et de réglementation des ambulances qui lui donnât satisfaction. C'est ce mode que nous allons chercher à indiquer comme devant donner satisfaction aux besoins des deux grandes dépendances de l'assistance publique, l'assistance civile et l'assistance militaire.

III.

Il est sans doute trop tard pour espérer que ce qui s'est fait, sous l'empire de la nécessité et de l'imprévu, puisse se recommencer avec tous les bénéfices de la réflexion et de l'ordre. Aussi, en insistant sur le caractère d'ensemble et de régularité qu'aurait dû offrir l'établissement des ambulances du siége de Paris, n'avons-nous ni la prétention ni l'espoir de voir se réaliser l'œuvre que nous aurions conçue. Cette œuvre, à l'heure qu'il est, n'est donc plus qu'une conception idéale qui n'a même guère la chance de servir en d'autres temps, au cas où des circonstances pareilles ou analogues à celles que nous avons le malheur de subir viendraient à se reproduire. Achevons toutefois d'indiquer, à titre de simple étude, si l'on veut, les lignes suivant lesquelles les ambulances du siége de Paris auraient dû être organisées.

Il ressort de nos premières observations que les ambulances sont une dépendance de l'Assistance publique, de l'ordre civil et de l'ordre militaire. Si les ressources des établissements appartenant à ces deux divisions eussent suffi aux circonstances, on n'aurait songé tout au plus qu'à élargir leurs cadres. Ainsi aux hôpitaux existants on aurait ajouté des annexes, comme cela s'est fait pour le choléra, et il n'eût été bésoin que de les compléter par des postes mobiles appropriés aux besoins les plus immédiats de la défense. Enfin, si l'on eût voulu étendre et multiplier les cadres des deux grandes divisions de l'Assistance publique, on eût pu créer dans les quartiers de Paris qui en sont le moins pourvus, des hôpitaux temporaires capables de compléter les deux systèmes. On voudra bien remarquer que cette organisation complémentaire n'eût pas empêché d'établir autour des centres régularisés une foule de petites ambulances offertes par l'initiative privée : ce groupement, loin de troubler l'harmonie de l'ensemble, n'eût fait que la compléter, en tant qu'il eût favorisé une plus grande dispersion des blessés, avec tous les avantages de celte dispersion. L'ordre civil et l'ordre militaire se fussent approprié ces annexes en proportion et suivant leurs besoins respectifs.

Il n'est pas inutile de s'arrêter un instant sur cette intervention de l'initiative privée et de régler son concours dans l'établissement de l'œuvre générale.

Il y a toujours dans les instincts de la liberté quelque chose de respectable, surtout quand il s'agit de la faire concourir à une bonne œuvre. Nous manquerions à ce sentiment de notre vie entière si nous ne cherchions à le faire prévaloir aussi bien pour la création des ambulances que pour l'enseignement et la pratique de la médecine. Nous trouvons donc bon que la population exerce son droit à l'ambulance, à la condition toutefois d'en rendre les effets utiles.

On a vu qu'il était possible, qu'il était nécessaire que des ambulances de nouvelle formation vinssent compléter les cadres insuffisants des hôpitaux civils et militaires. Ces besoins étant connus de la population, croit-on qu'elle se fût moins empressée d'offrir à une administration régulière et respectable, comme l'assistance publique civile et militaire, les hôtels, les maisons, les appartements qu'elle a offerts à l'Internationale ou aux ambulances de la presse? Une partie de ces offres aurait donc pourvu aux insuffisances des établissements existants. Les avantages de ces annexions ont à peine besoin d'être indiqués. Rattachées aux hôpitaux existants, elles hériteraient de la régularité, de l'ordre de leur organisation. Le personnel médical et administratif qui les desservirait pourrait, en partie du moins, être une dépendance, si ce n'est un détachement du personnel expérimenté des hôpitaux eux-mêmes. On n'a pas besoin d'indiquer une foule d'autres avantages d'ordre qui résulteraient de cette harmonisation. Le mouvement des malades, les renseignements qui se rapportent à chacun d'eux, les entrées et les sorties, les actes de décès, tout cela rentrerait dans les règles d'un ordre préétabli, abrégerait bien des démarches, lèverait bien des difficultés. Les avantages seraient surtout appréciés par l'administration de la guerre dont les contrôles de toute nature, de tous les instants, sont si indispensables, eu égard au personnel de l'armée. L'intendance militaire a été si fort de cet avis que, même avant le siége de Paris, elle a songé à créer elle-même un certain nombre d'annexes pour y déverser le trop-plein de ses hôpitaux, en y régularisant le service établi dans ces derniers. Prise un peu au dépourvu, elle n'a pu créer par elle-même tous ces compléments ; mais en acceptant une partie de ceux qui lui sont venus de l'initiative privée, elle les a rattachés d'emblée à ses services centraux.

Ce que nous venons de dire pour l'administration de la guerre, nous le disons pour l'assistance civile. Et d'abord si à un moment donné les besoins de la guerre étaient tels que le nombre des blessés de l'armée fût supérieur au nombre des lits disponibles dans les hôpitaux militaires et leurs annexes, on pourrait, comme on l'a fait déjà, convertir momentanément tout ou partie de quelques hôpitaux civils en ambulances militaires. Cependant il vaudrait toujours mieux ne pas recourir à cette confusion et laisser l'assistance civile complétement en possession de ses ressources pour le cas où les blessés de l'ordre civil, de la garde nationale, par exemple, auraient à fournir un nombre capable d'occuper le disponible de l'assistance civile.

Enfin, et pour sauvegarder tous les droits de la liberté, il pourrait y avoir une troisième catégorie d'ambulances auxquelles on réserverait le titre d'*ambulances libres*, parce qu'elles ne dépendraient directement ni de l'assistance civile ni de l'assistance militaire. Cette troisième catégorie d'ambulances — qu'il ne faudrait pas confondre avec cet assemblage incohérent d'ambulances de fantaisie — directement installées par des compagnies, comme les compagnies de chemin de fer et autres administrations analogues, pourraient conserver une sorte d'autonomie dont il conviendrait toujours de soumettre l'organisation à une inspection médicale et administrative qui en constaterait toutes les suffisances. Ainsi détachées des deux grandes divisions de l'Assistance publique, ces ambulances libres offriraient, par leur origine et le contrôle auquel elles seraient soumises, toutes les garanties d'utilité, de régularité désirables. C'est à ce groupe seulement qu'il me paraîtrait utile de réserver tous les droits de l'initiative privée.

.Tels sont les profils du système que nous aurions conçu pour l'organisation des ambulances du siége de Paris, savoir :

Trois grandes divisions :

Les *ambulances civiles*, annexes des hôpitaux civils, spécialement destinées aux combattants civils de l'armée;

Les *ambulances militaires*, annexes des hôpitaux militaires spécialement destinées aux combattants militaires;

Les *ambulances libres*, indépendantes des deux grandes catégories de l'Assistance publique, offrant toutes les garanties des unes et des autres, et dans lesquelles les blessés civils et militaires pourraient être indistinctement reçus et traités.

Ce plan si simple et, nous croyons, si pratique, n'ayant pu être suivi, nous nous trouvons, comme nous l'avons dit, en présence d'une œuvre improvisée dont les éléments disparates et désordonnés n'ont pu offrir par eux-mêmes qu'incohérence et confusion. Leur création successive émanant de pouvoirs différents qui ont séparément pourvu à des besoins séparément aperçus, arrivera à se soumettre comme d'elle-même, mais très-imparfaitement, au plan que nous avions conçu. Il n'en pouvait être autrement. Que l'on voie en effet ce qui s'est passé pour l'administration de la guerre : ainsi que nous l'avons rappelé précédemment, elle a fini par prendre sous son patronnage une bonne partie des ambulances qui n'auraient pu fonctionner utilement sans elle. Mais cette adoption, après coup, de créations bâtardes ne pourra jamais lui permettre d'y établir les liens d'ordre et d'affinité nécessaires avec ses propres établissements, si ce n'est au moyen d'inspections fatigantes et répétées. Si elle y trouve des soins éclairés pour ses soldats, elle n'y trouvera ni des écritures régulières ni des contrôles faciles ; et comme ces ambulances seront ouvertes à toutes les catégories de combattants, il lui faudra un triage très-difficile entouré de toutes sortes d'erreurs pour arriver à reconstruire le contingent de ses blessés, de ses morts et de ses guéris. En présence de telles difficultés et de beaucoup d'autres qu'il est facile de prévoir, que convient-il de faire pour régulariser ce qui est irrégulier, et tirer le meilleur et le plus utile parti de cette innombrable quantité d'ambulances de toutes les dimensions, de toutes les provenances, de toutes les localités, de toutes les organisations? C'est ce que nous allons examiner.

*
* *

La première chose à exécuter pour se rendre compte des ressources existantes, c'est d'en faire l'inventaire. Un personnel suffisant sous la direction d'une pensée intelligente se partagerait la besogne par arrondissements, quartiers et secteurs, puisque ces trois divisions ont leurs raisons d'être. On ferait trois catégories des offres : 1° les ambulances comprenant les locaux, les lits et la nourriture ; 2° les ambulances avec lits ; 3° les ambulances avec locaux seulement. Chaque carte indiquerait l'*origine* de l'offre ou la réquisition, l'*état* et l'étendue du local, sa *situation* par étage et son *orientation*.

On régulariserait une première et grande division déjà ébauchée, en ambulances *mobiles* et en ambulances *fixes;* les premières distribuées le long des remparts et surtout au voisinage des portes et des travaux de la défense, c'est-à-dire là où le combat aura le plus de chance de se localiser; s'assurer que le nombre de ces ambulances mobiles répondra aux besoins de chaque division stratégique. Compléter ce nombre, s'il y a lieu, par des réquisitions nouvelles et pourvoir à tous les détails d'ameublement et d'objets nécessaires aux premiers soins. Organiser des moyens de transport uniformes et répartis sur des espaces assez étendus pour ne pas trop en multiplier le nombre, mais assez rapprochés pour être facilement réunis vers les points et au moment où s'engagera la lutte. Une fois cette première régularisation effectuée, assigner à chaque ambulance mobile les hôpitaux civils et militaires qu'elles desserviraient ainsi que les ambulances fixes annexées à chacun d'eux. Il est entendu que les ambulances mobiles seraient incessamment informées du nombre de places disponibles dans les hôpitaux et dans ambulances fixes qu'elles seraient chargées de pourvoir.

Les ambulances fixes annexées, comme nous l'avons dit, pour une première et forte partie aux hôpitaux civils et militaires seraient donc réparties entre ces diffrents hôpitaux et formeraient des groupes proportionnés à l'importance et à la situation de chacun d'eux. Ainsi les hôpitaux militaires du Val-de-Grâce, du Gros-Caillou, de la rue Saint-Martin, etc., auraient leurs annexes situés le plus près possible de chacun d'eux. Il en serait de même des hôpitaux civils; et, comme le nombre en est beaucoup plus grand que celui des hôpitaux militaires, on en transformerait quelques-uns, ou au moins quelques-unes de leurs salles, en hôpitaux et salles militaires.

Resteraient les ambulances libres. Celles-là seraient divisées en deux catégories principales : la première comprenant les plus grands locaux et les locaux les mieux fournis, dont on ferait une sorte d'hôpitaux temporaires : telles seraient les ambulances du Corps législatif, celles de l'Élysée, celles des chemins de fer, du palais de justice, les grandes ambulances fixes de la presse. Cette première catégorie déjà bien établie, mais ne renfermant que des établissements sans rapports entre eux, n'aurait besoin que d'être rattachée au système général pour régulariser leur fonctionnement et relier entre elles toutes les ressources qu'elles présenteraient soit pour une meilleure répartition des blessés, soit pour la plus grande régularité des renseignements que leur dissémination rend difficiles.

La seconde catégorie des ambulances libres pourrait être rattachée à la première et former autant d'annexes de ces dernières. Elles seraient donc groupées autour de chacune d'elles en nombre proportionné à leur importance et à l'importance des localités. De cette façon, le trop-plein des premières serait versé dans les secondes, et le service médico-chirurgical des unes pourrait être assuré par le service des autres.

Enfin, pour ne laisser aucune ressource inoccupée, on pourrait affecter quelques-unes des ambulances libres de moyenne ou petite importance choisies parmi celles dont les ressources hygiéniques et alimentaires seraient le mieux assurées, à la convalescence des blessés, à l'époque où leur traitement n'exigerait plus qu'une surveillance éclairée, ou un reste de traitement qui pourrait se continuer à la consultation des grandes ambulances.

Je n'ai pas besoin d'ajouter que cette organisation aurait pour effet d'éloigner toutes les propositions d'ambulances fictives ou dérisoires et de ne conserver que celles qui donneraient toutes garanties et toutes sécurités pour le présent et pour l'avenir.

Ainsi inventoriées, classées, catégorisées, distribuées, reliées et régularisées, toutes les ambulances actuellement disséminées sur les différents points de la capitale formeraient un tout dont les diverses parties se correspondraient, dont aucune ne ferait double emploi, et qu'il serait facile de relier par un système d'informations, capable de renseigner à chaque instant sur les nécessités intercurrentes et sur les ressources disponibles. En un mot, connaître les ressources, mettre de l'ordre dans leur distribution, ne laisser se perdre aucune d'elles, ni en manquer là où elles seraient employées utilement, tel est dans son ensemble, le parti à tirer des ambulances du siége de Paris.

Des moyens de publicité bien organisés indiqueraient d'une manière permanente le siége et la nature de toutes les dépendances du système.

FIN.

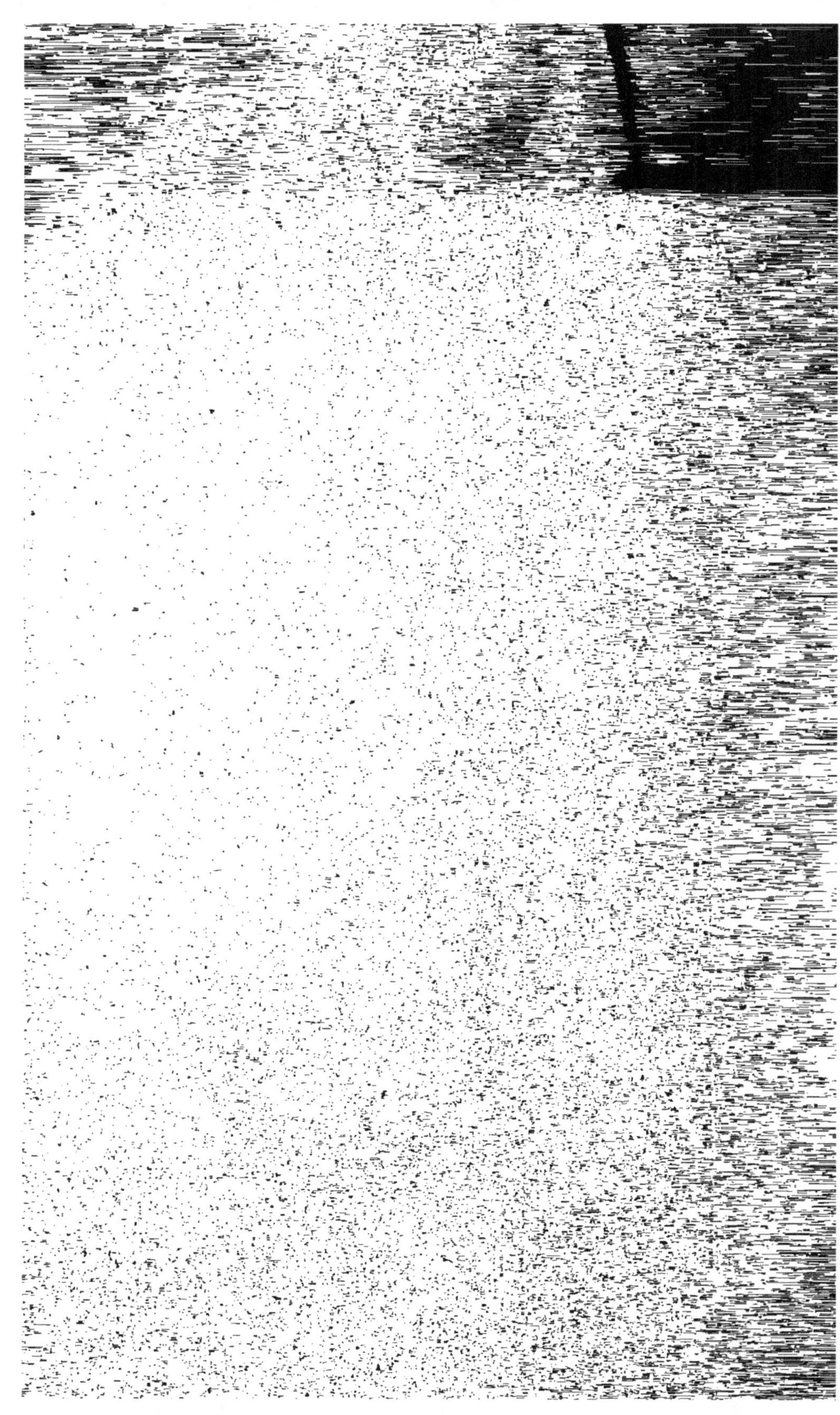